Rochusberger Verse

Hans-Tönjes Redenius

Rochusberger Verse

Hans-Tönjes Redenius

Sehnsucht und Ernüchterung

Bingen-Rochusberg im Dezember 1999
1. Auflage 1999
2. Auflage 2001

ISBN 3-89811-852-5

Umschlag: ROPO, Köln
Layout: Verlagsservice Monika Rohde, Bonn
Herstellung und Druck: BoD, Hamburg

gewidmet
den Patres, OMI, des St. Rupertusklosters zu Bingen

Inhalt

Nach hastigem Aufbruch aus den Trümmern seines gestrandeten
Schiffes vertraut sich ein Mensch
von neuem Worten an.
Es sind Lieder gegen ein lebloses Leben,
es sind Lebensmelodien, die heilen.

Bingen Rochusberg
P. Dr. J. Krasenbrink

SENTENZ

„Alle Schuld rächt sich auf Erden?"
„Wohl kaum, es würd kein Mensch mehr sterben!"

ABSTURZ

Lang geahnt, dann doch zu plötzlich –
auch naiv und wenig vorbereitet,
vom Zwang des selbstgemachten Schicksals streng geleitet
begann der Sturz – den inner'n Kräften nach gesetzlich.

Im Fallen noch vertraut den sogenannten Freunden,
daß sie halten, klammern, pflegen, greifen.
Doch weit gefehlt – eher neigen sie zu kneifen,
um dich später leichter zu verleumden.

Im Sturze noch – der Aufprall fast zu hören –
gilt's zu erkennen und verstehen,
daß gute Bürger nie bereit sind, zuzulassen,
daß einer wagt, ihr Sosein anzufassen.

So bleibt, sich allerschnellstens noch zu regen –
und begreifen – daß trotz furchtbar lautem Knall
doch Zukunft ist! – Ganz losgelöst vom graus'gen Fall!
Denn *sie* nährt Mut, dem Sein sich dennoch hinzugeben.

ALTERN

Irgendwann beim Älterwerden ist meistens nur noch
Sehnsucht da

zu bleiben – ohne Zeichen und gezinktenem Blabla.

Drum wisse, daß nur möglich ist, gleich den Göttern
Leben schön zu zeugen,

wenn Zeit die Sehnsucht nicht kann beugen.

Ergib alsbald dich in das Zeitenschicksal,

versteh' Vergänglichkeit niemals als Qual.

Dann bewundern dich die Götter.

Alles and're überlaß getrost dem Spötter.

AMEN

*A*men! heute steht mir

*B*ei der

*C*herubim,

*D*er

*E*ngel, der mir

*F*ehlte.

'*G*eist des

*H*immels,

*I*ch sag

*J*a!' – denn

*K*eine

*L*iebe war

*M*ir wahr.

*N*ur ihr

*O*dium hatt' mich

*P*assiert, als

*Q*uasi –

*R*itual der

*S*eele!

*T*ag für Tag

*U*nd ewig nun

*V*erbind' t Cherubims

*W*illen mich – mit

X und

*Y*psilon

*Z*uletzt den Geistern – nun mit Namen!

BROT

Zum Leben braucht der Mensch das Brot
bekommt er's nicht, ist er bald tot.
Dennoch ist das nicht das Brot des Lebens;
wo solches fehlt, lebt Leben man vergebens.

Zum Brot, das nicht nur stärkt den Leib
gehört viel Trost im Menschenleid.
Gebacken Brot ist nur bekömmlich,
wenn Trost das Leben macht versöhnlich.

Das herzhaft Brot aus vollem Korn
hat sich der kluge Mensch erkor'n;
drum soll auch den starken Körpern niemals fehlen
die Ermahnung für die Seelen!

Sie erhebt nach manch' Versagen,
und schenkt neues Wohlbehagen.
Doch zu des Lebens Forderungen
gehören auch Ermutigungen.

Nur so gibt es ein Miteinander,
Neben- und auch Beieinander.
Trost sind es, Ermahnen und Ermutigung,
die Leben schaffen und Erneuerung.

Eben dieses nöt'ge Brot des Lebens
sucht meist' im Leben man vergebens.
Von Gott muss man sich 's reichen lassen
und betend SEINE Hände fassen!

FRAUEN

DER MÄNNER LIEBSTES HEILIGTUM

SIND FRAUEN, MACHT UND EIGENRUHM.

DOCH MACHT UND EIGENRUHM SIND LEICHTER ZU BEKOMMEN,

ALS TRAUMHAFT SCHÖNER FRAUEN WONNEN.

DRUM HAT ER FRAUENHERZEN NIE ERRUNGEN,

AUCH IHREN WEIBLICH WILLEN NICHT BEZWUNGEN.

WOHIN ER SCHAUTE, MANCHMAL FLUCHTE,

ER FAND SIE NIE, WO ER SIE SUCHTE.

SELBST DEN BLICK ZUM HORIZONT GERICHTET,

HAT NUR DEN TEUFEL ER GESICHTET.

FREUNDSCHAFT

Einst haben sie mir viel bedeutet,
Vertrauen gar und Liebe mir geweckt.
Sie waren um mich, wenn die Glocken mir geläutet und die
Tische festlich eingedeckt.

Frohe Stunden säumen manch Erinnerung.
Voll von Welterkennen, Sinnen auch und glücklich Lachen,
innigstem Verstehen und Begeisterung.

Bewundert hat uns alle Welt,
und staunte über soviel Liebe.
Ewig – glaubte ich – solch' Freundschaft hält,
und daß der Seelen Einklang immer bliebe.

Doch weit gefehlt,
als Unbill, dumme Fehlentscheidung,
sich über meine Utopien wälzten,
zogen sich die Freunde schnell zurück
in ihre bürgerlich' Behausung.

Fort sind sie nun. Ich bin allein.
Soll' zagen ich, dem Leben etwa Abschied sagen,
weil niemand mehr will um mich sein
und Freundesschaften skelettiert nun in mein Leben ragen?

Nein, ich nehm' es an – das freundschaftslose Leben,
trotzig – warte einfach auf den and'ren Segen
in der Hoffnung, daß der Traum mich liebt,
den's – wenn nicht hier auf Erden, aber wohl im Himmel gibt.

FRIEDE I

Unbegreiflich, aber wahr
sind Hass und Neid der Völkerschar.
Meist sind's gar die eigenen Genossen,
die Feuer in das Öl gegossen.
Und sie lassen nicht davon
vom Missisippi bis zum Don,
von Ländern am polaren Kreis,
bis an der Erde südlich' Eis.
Zwar sind's nur wenige von allen,
aber sie sind's, die der Macht verfallen.
Die anderen – die Schwarzen und die Weißen –
träumen Frieden, der verheißen
überall von der Fraktion,
die sich nennt Opposition.
Doch die wird ausgetauscht bei vielen Wahlen
oder blutig' Umsturzqualen.
Sie wird neues Glied in jener Kette,
bei der der Friede bleibt im Schmutz der Strecke;
denn das der Macht vorher'ge Gegenüber
hat den Platz gewechselt nun hinüber
und tief sich in den Glanz gehüllt,
in dem die Macht sich selbst gefällt.
Raum des Friedens sind nicht große Worte,
deshalb flüchtet schnell er an die Himmelspforte.

FRIEDE II

Friede – Friede schreit des Menschen Sehnsucht.
Friede – nennt als Ziel die Macht.
Friede – manchmal gar der Böse sucht.
Friede – der Muezzin lacht.
Friede – überall, so grüßt der Priester.
Friede – Inhalt aller Religionen!
Friede – flüstert der Soldat, dann schießt er.
Friede – allen Menschen in Millionen!

- — -

Friede – niemand hat ihn je gewonnen.
Friede – nicht bei Menschen, Pflanzen, Tieren;
Friede – schon geahnt, doch dann zerronnen.
Friede – nur, ihn zu verlieren?

- — -

Friede – such ihn jetzt und stets.
Friede – schau die Spuren; ja, dann geht's
hinauf gen Himmel ohne Zagen.
Bleib dir treu im Frieden wagen!

- — -

Selbst wenn's scheint wie Sysiphus,
Friede bleibt das menschlich' Muß!

FRÜHSCHOPPEN

Unweit vom Bahnhof „Irgendwo" am Platz, da viele Taxis warten,
von geschloss'nen Fenstern sowie Wachanlagen eingeklemmt,
behauptet sich die Kneipe namens Bistrogarten.
Früh besucht von männlich' Gästen – blaß und ölig-glatt gekämmt.

Die allerersten Gäste sind – die Taxis haben nachts chauffiert
übernächtigt, müde reingespült – mit Kehlen, die
nach Kaffee dürsten,
grüßen lässig sie den Kellner, der die Gläser noch poliert.
Der kennt alle sie mit Namen und ihr' Begier nach
„Frankfurts Würsten".
Danach schlurfen Rentner rein mit groß' Hallo und aufgesetztem
„Guten Morgen!"
Dreie halten fest in greisen Händen an der Leine kleine, brave
Mischlingshunde.
Wenig später treten Arbeitslose – depressiv von zuviel Sorgen
ins Bierlokal – zu ordern „Kölsch und Klaren!" für die Runde.

Nach kurzem fliegen Sensationen von Politik und Hausarzt
hin und her,
ab und zu 'mal laut gebrüllt und streng verziert mit heil'gem
Schwur.
Doch plötzlich ist es still im Raum. Eine Frau mit kleinem
Täschchen – jung und schier,
betritt von draußen flott die Szene – in sexy Rock und Beinen pur.
„Mensch", ruft sie den Leuten zu, *„die erste Schicht,
die ist geschmissen!"*
Und zum Kellner hochgetönter: *„Drum, Felix, schnell
den Roten her!"*
Eines Kahlkopfs schlappem Ohr bekundet sie wie unerträglich
und beschissen
Männer seien – gleich dem Leben – grau und leer!

Nach dem dritten, vierten Roten und Felix' Mahnung aufzuhör'n,
haben längst die Taxifahrer – und die Alten – keck und nur
mit wenig Scham,
aufgeblasen wie die Pfauen, versucht das Fräulein zu betör'n.
Dies Spielchen ging recht lustig weiter – bis die erste Träne kam.

Gerötet zeigt des Mädchens Antlitz so unerwartet Traurigkeit,
daß der Männer heiter'n Mienen fix ins Gegenteil sich wandeln;
und schon sinnen Pfau und Gockel gar nicht mehr nach Lustigkeit,
sondern neigen lieber sie zu trösten, als beduselt anzubandeln.

Die Frau in Zorn und offensichtlich Panik
heult und schluchzt zum Herz ergreifen,
kramt im Täschchen hektisch mit gestört' Motorik
nach einem Tüchlein unter lautem Kreischen:
„Zu viel ist schon passiert in meinem Leben – eh – ihr Ärsche.
Endlich reicht's. Ich will nicht mehr das Flittchen sein!
Achtundzwanzig Lenze zähl ich! – Verdoppelt nachts
durch Liebesmärsche
gleicht hier drinnen meine Seele schon dem Totenschrein."

Desolater wenig später: *„Du fragst nach meinem Tierkreis-*
zeichen? Oh, wie schön!
Widder, Alter, bin ich! – Kröte! – Ratte! – ist's ok?
Her noch mal den Roten, Brüder, weil's Zeit wird jetzt
von euch zu geh'n
Richtung Wäsche, Küche, Kinder – Scheiß drauf, Mensch! –
Und nun Olè!"
Leicht schwankend schließlich auf den Füßen,
und abgestützt von greisen Alten wird höflich sie zur Tür geführt.
„Bleibt sauber Jungs und all ihr Süßen!"
säuselt sie zum Abschied – auch die Gäste sind nun tief gerührt.

FUCHS

Die Maus ist tot. Sie konnt die Schnäbel nicht ertragen,
vom grauen Reiher und dem schwarze Raben.
Beide haben ihr ins Fell gepiekt,
ihr Herz getroffen, daß sie nicht mehr piept.

Wem gehört denn nun das frische Mahl,
dem Reiher oder doch dem schwarzen Raben?
Statt zu teilen zanken sie sich selbst in Qual,
bis der Rabe hochfliegt, sich allein zu laben.

Wütend krächzt der Reiher hinterher.
Die Startbahn ist zu kurz und Wind weht heftig von der Seite.
Da schleicht der Reinicke, der schlaue Fuchs, still aus der Quer
und macht mit schnellem Biss den Grauen sich zur Beute.

GLAUBE

„im augenblick

lebe ich, ja!"

„und morgen?"

„keine ahnung."

„ein wunder?"

„vielleicht."

„wunder geschehen immer wieder",

sagt einer.

„man muß sie glauben!"

„was aber, wenn glaube fehlt?"

„gibt 's kein wunder!"

sagt ein anderer.

„also kein morgen?"

„keine ahnung."

„es sei denn,

es gäbe Gott",

meint ein dazu gekommener.

„ohne glauben?"

„ja,

Gott ist anders!"

KIND

Du Kind in träumenden Momenten
gezeugt und dann gewollt,
weil Kinder neben göttlich' Sakramenten
heilig sind und doch auch Welt.

Irgendwann vielleicht wirst du es glauben,
dein Vater liebte dich, eh' du gebor'n,
doch die Zwänge sollten dich ihm rauben
und das Unvermögen, das die Gegenwart erkor'n.

Gut, barmherzig, voll von Liebe wollt' er sein.
Er wollte, aber konnt' es nicht!
Er hofft nun still auf späteres Verzeih'n
und schenkt in Liebe dies Gedicht.

Liebe ist das Herrlichste im Leben.
Drum wird er täglich sie erbitten
für sein Kind und streben,
daß Herz' und Seelen nicht umsonst gelitten.
- – -
Der Herrgott send' sein Engelein,
daß sie immer um dich sein!

Bingen am Rhein /
Rochuskapelle

LANGEWEILE

Viel zu lang scheint meist die Weile
den angelsächsisch denkend' Menschen dieser Erde.
Das Leben mache Sinn allein in Mannigfaltigkeit und Eile,
nur so der Mensch zufrieden sei und wirklich werde.

Damit er also nichts verpasse
wird er viele Abenteuer wagen;
denn Zeit erfüll' sich nur, wenn in ihr man raffe
und sich allerschnellstens müh', sie totzuschlagen.

Doch sei bedacht, oh Mensch, so klug,
die Zeit hat ihre eigenen Gesetze.
Der Griff ins Herz der Zeit ist Selbstbetrug,
sie schlägt dich tot – trotz aller Hetze!

LEBEN

WEITES GRÜNES MEER

UM MICH HER

LEBEN ZIEHT AUF

ZIEHT WEG

ZIEHT TIEF

UM MICH HER

WEITES GRÜNES MEER

LEERE

EIN MENSCH IST ER,

DOCH LEER, GANZ LEER!

HERZ UND SEELE AUSGEGOSSEN,

ALLE LIEBE WEGGEFLOSSEN.

NUR DAS HIRN – ES GRÜBELT NOCH.

LEERER GEHT'S NICHT! SCHWARZES LOCH!

DOCH RÜHRT DAS GRÜBELN SELTSAM' AHNUNG

UND VERMUTET DIE ERBARMUNG.

IRGENDWO, DA MUSS ER SEIN!

ER, DER GEIST, DER UNBEFLECKT UND REIN

DOCH HOFFNUNG GIBT, DIE AUSSERIRDISCH BLÜHT

UND IRGENDWANN AUCH GOTT BEMÜHT!

LICHT

Wenn dem Körper fehlt das Licht
gedeiht er innen und auch außen nicht.
Blaß und grau wird schnell der Haut die Farbe,
als ob sie an Ernährung darbe.
Auch stellen sich bald Falten ein
wie beim Greis im Siechenheim.
Wenn der Seele fehlt das Licht,
verkrampft sie, denn in ihr zerbricht,
was dem Licht entgegeneilt,
weil ihr Ursprung in den Himmeln weilt.
Wenn dem Geist auch fehlt das Licht
mangelt's dem Menschen wahrhaft an Gesicht.
Da er dann gar nichts mehr vermag,
sehnt er herbei den Sarkophag.

LIEBE I

Frucht der Liebe sind nicht Triebe,
sondern stets das Tun der Liebe!
Zum Liebestun gehören zwei –
in Eintracht – nicht im Einerlei!
Zwei, die es zusammen wagen,
des Lebens Unbill zu ertragen!
Wo jeder sucht das Glück des Andern,
solange sie die Zeit durchwandern.
Liebe wird erst wohlgelingen,
wenn kein's versucht, das Du zu zwingen.
Distanz und Nähe ist der Raum,
wo Liebe wohnt; ein Menschheitstraum!

LIEBE II

Liebe sei ein Wunderland,
sagt man gern in jedem Stand.
Je nach Bildung oder Alter
hat Liebe ihre Wortgestalter.
So ist es nur natürlich,
die Skala reicht bis ungenierlich:
Liebe sei ein Wort der Götter!
Mitnichten, Feigenblatt!, meint da der Spötter.
Zauber seh'n in ihr, die träumen
Liebe unter grünen Bäumen.
Der Liebe Sehnsucht sei das Paradies!
And'ren ist sie finsterstes Verließ.
Erfüllung auch von Lebenssinn
sei's Liebesziel und Höchstgewinn!
Der Liebe Ziel, das sei der Weltengeist,
denn sie erschließt ihn Menschen meist.
Der Impressionist dagegen meint,
die Lieb' Natur und Seele eint.
Der Körpermensch, ein Realist,
glaubt, daß der Mensch ist, was er ißt!
Drum sei Liebe kopulieren,
bis zum selig koitieren.
Wie schön, daß Sprache, Wort und Sätze
verbergen soviel Liebesschätze!

LIEBE III

Täglich schon vor Tagsbeginn
fragt der Verstand nach Lebenssinn,
weil ausgerechnet der sich g'rade
penetrant stellt leider selbst infrage.

Obwohl das Tageseinerlei gewohnt
sucht Antwort er: Hat sich's gelohnt?
Die Liebe, die war fraglos da;
doch ihr Verheißen suchen Genera.
Was wird, was bleibt vom steten Kämpfen?
Letztlich nur, die Hoffnung dämpfen.

EINGANG
ROCHUSKAPELLE
BITTELBORN

LIEBE IV

Die Götter weit – im Himmel hoch

und so mancher Philosoph

setzten Menschseins Sinn die Überschrift,

die die Liebe anbetrifft:

„Des Menschen Auftrag sei Zeugen stets im Schönen!"

Nur wer hat ihn erfüllt

über Augenblick und Leidenschaft hinaus

und sonnte selig schon im göttlichen Applaus?

Nie wer Stufen schon erklommen glaubte und den Göttern
zugebrüllt:

„Wohlan, ergötzt doch eure Phantasie an meinen Söhnen!"

Die Götter sie – die unnahbaren Sonnen – zucken mit
den Achseln nur;

eben himmlisch ehrlich und prosaisch pur.

So bleibt der Auftrag Irdischen ein Traum,

ihr Griff zum Himmel ein Symbol im endlich grauen Raum.

Die, die willig das begreifen

könnten unter Aureolen reifen,

gelassen sich dem Leben geben

und ihr Zeugen hoch zum Opfer heben.

LIEBE V

Vor Sonnenaufgang kurz gereckt,
die heiß Geliebte zart geweckt,
gefegt, gewischt, den Tisch gedeckt
und schnell den Saft noch abgeschmeckt.
So geht das mittags und auch abends weiter,
die heiß Geliebte, die bleibt heiter.
Ihm gebührt's die Pflichten zu erfüllen
und der Geliebten sein zu Willen.
Beides, Haushalt und das „Pflichtgescheh'n"
nach Luther: *„in der Woche zween"*,
vollzieht er artig mit Gewöhnung
und hofft auf baldige Erlösung.

LIEBE VI

Himmelhoch jauchzend, zu Tode betrübt
ist jeder, der in der Liebe sich übt.
Ein Augenblick ist froher Tag,
dann wieder kommt ein Niederschlag.

Drum sei nicht traurig Mensch – sei ehern Erz,
wenn auf dich zukommt Liebesschmerz.
Irgendwann – du glaubst es kaum –
träumst du im Himmel deinen Traum!

LIEBE VII

Ein tief' Mysterium erfüllt die Welt,
den Kosmos und das Universum.
Zarter Glanz erleuchtet gleich dem Sternenzelt
den Geist, die Seele und des Leibes Omnium.

Auch des Sehers, des Propheten Schau
wird wahr durch dies Geheimnis
und des Dichters Versebau
erfährt durch es sein Zeugnis.

Die Wissenschaft, auf Zukunft ausgerichtet
dem Menschen und dem Guten treu
bedarf's als Grund, damit sie Wahrheit sichtet
und ermöglicht Leben neu.

In der Religion – der menschlichsten von allen –
lebt es in ihrem Sakrament,
läßt in Musik ihr eigentliches schallen
und ist des Glaubens heiligst' Fundament.

Nicht zuletzt ist es der Armen
größter Reichtum, den es gibt,
allen Menschen und den Völkern göttliches Erbarmen:
Das Geheimnis, das den Namen Liebe trägt.

LIEBE VIII

Gebeugt vom Schicksal, das ich selbst verschuldet

und wankend auf der Straße nur des grauen Durchschnitts,

war ich verrauchter Teint, die Seele taub und nur geduldet,

ohne Hoffen auf die Zukunft – wie die Gegenwart –
an der ich litt

und an Vergangenheit gekettet,

in der die alten Geister Leben sieden.

Das Leben, nur in dunkle Ordnung hart gebettet!

mit Ohren, die den Sang der Vögel mieden.

Da traf mich unerwartet – flüchtig zart ein sanfter Blick

aus weisen und verklärten Augen.

Er zeugt' in mir *so* neues Glück,

daß Seele, Leib und Geist doch wieder für die Zukunft taugen.

MARKTKIRCHE

Sonnenstrahlen hier und da quälen sich durch Wolkenraster
und berühren zart mit flücht'gem Kusse hartes, stumpfes
Straßenpflaster.
Hinter riesenhaften Scheiben grüßen ledern' und textile Waren
Handyleute ohne Zeit und treu' bereite Kauflustscharen.
Auf betonierten kühlen Sitzen zwischen städtisch' und
moderner Kunst
suchen Obdachlose schon am Morgen erbarmungswürdig
Menschengunst.

Von den ersten Tausend Schritten auf dem harten grauen
Asphalt
schmerzen Beine – auch der Rücken – und die Augen suchen
Halt.
Dann nach nochmal tausend Tritten auf feingefügten
Gehwegplatten
finden weh die Blicke endlich diesen scharfgezeichnet'
Schatten,
der von spärlich' Sonnenstrahlen als Brücke über Platz und
Straße
hingeworfen, die Verirrten einlädt in des Domes mächt'ge
Maße.

Nüchtern, wehrhaft und erhaben deckt des Turmes Kupferhaube
Gurt und Kreuzjoch hoch geschichtet; – Stein geword'ner
Gottesglaube!

Endlich sitzt er nah der Säule auf der Büßer Bänke hint'ren
Plätze.
Vergessen sind die Winterkälte und die stadtgewohnte
Alltagshetze.

Die hohen Wände und Pilaster des dreierschiff'gen
Kirchenraums
verhüllen augenblicklich Ängste – auch des letzten
Halbschlaftraums.

Schließlich wandern seine Blicke vom kunstverzierten
Eingangstor
durch der Schiffe heil'ge Weite zum numinos erschauernd Chor.
Vor dem goldgewirkten Grund des Altars agieren frech
bewaffnete Gestalten,
die seine Seel' und off'nen Augen gebannt in dem Geschehen
halten.

Natürlich weiß er, daß das ohne Frage
Golgatha nur sein kann – in prekärster Lage.
Doch selbst dem ehrlichsten Bemüh'n gelingt es nicht,
IHN zu sehen zwischen Dunkelheit und Licht.
Er hatt' gehofft – aus Kindertagen pädagogisch programmiert –
den Heiland Gottes hier zu finden von Künstlerhänden
präpariert.
Leider wecken Pöbel nur und Schergen die Erinnerung.
Der baldachierten Mitte tief Geheimnis bleibt schlummernd in
der Dämmerung!

Bleibt zu fragen: Ist's gewollt, soll es so sein,
daß Bürger nur und Söldner ganz allein
spielen Gottes Plan im Galgenhain?

Oder ist er nur erblindet –
der Mann, der niemals eine Mitte findet?

MASSE

Manche steh'n in Reih und Glied,
andere in losen Gruppen.
Alle aber hoch gereckt, eben daß man ja viel sieht.
Sie lachen, plaudern ungeniert und sind doch Puppen
an der Leine – scheinbar tot und ohne Scham.
Auch ohne Stolz, als ob das Menschsein ihnen fehle
oder eigner Wille schon abhanden kam.
Verloren sie gar ihre Seele,
die erst macht, was menschlich ist?
?
Am Straßenrand – da lag ein Mann
in rotem Blut und kaltem Schweiß auf seiner Stirn.
Er krümmte sich im Todeswahn,
bis stillestand sein Herz und dann sein Hirn.
Die da standen hatten Augen nur und keine Hände,
drum mußt' er sterben, der so jung noch war.
Doch einer zog ein Handy ganz behende
aus dem Gürtel *cool* und meldet' klar,
daß ein Unglück es gegeben und der Tod schon eingetreten war.

MILLENNIUM I

Die Welt ist Raum, ist Ort, da Bomben fallen
und Menschen sich an Trümmer krallen.
Verloren sind die Häuser und das Waldesmoos,
die Herzen traurig, Groß und Klein nun würdelos!
Statt heimzuholen Erntefrucht,
verhungern sie bei wilder Flucht.
Flüchtlingsströme, Volksgeschiebe
und elitäres Ausgesiebe –
nicht nach Gaben, Geist und Sein,
meist' nach Reichtums schönem Schein.

Zwischen Rassen, Kontinenten mit Gewalt und manchmal Lust
zeugen Menschen Kinder, angefüllt mit Lebensfrust.
Sie sind nicht schwarz, nicht angelsächsisch bleich,
nicht rot, nicht gelb – nur einmal gleich:
bei der Geburt, ganz nackt und bloß!
Doch schon beim Atmen heimatlos.

And're leiden unter Fragen offensichtlich:
„Wohin gehöre ich? Wer – sag' mir – bin ich eigentlich?"
Von Anbeginn schon zwischen Stühlen
dürfen sie im Dreck der Besser'n wühlen,
und an des Sozialgesetzes Maschen
manchmal gar Rosinen naschen.
So bleibt ihr Antlitz rot bis leichenblaß
nach Fusel und dem Brot der Caritas.

Sie werden stetig mehr – die Randesgruppen:
Ausgestoß'ne, Abgestürzte und die Schläfer dunkler Schuppen.
Familienlose, Partnerlose, Sittenlose ohne Religion
populieren je nach ‚Fruchtbarkeit' der aufgesuchten Region.

So ist 's Summa summarium
in diesem bunten Saeculum!
Wo aus den Ozeanen Erde ragt
und Mensch wie Tier am Leben nagt,
gebiert sich Macht verschiedener Facetten
und stellt zum Selbsterhalt sich hinter die Lafetten.

Nach jedem Schuß, der Leben trifft,
ermahnet flugs der Feuilletonist:
„Lern't endlich aus dem Saeculum
für's friedlich nächst Millennium!"

Doch bei nüchtern' und real' Betrachtung,
wandelt Welt sich nur in Ewigkeitsbeachtung!

MILLENNIUM II

Verwundert schaut er in die Runde,
vernimmt off'nen Auges große Kunde:
Null Uhr pünktlich – das Millennium steh' vor der Tür.
Hat er sich bereitet schon dafür?

Nein, er wisse nicht warum.
Nur weil dieses Saeculum
ergießt sich ins Millennium
mit Sekt und lautem Drumherum?

Ob man nun wolle oder nicht,
Jahreswechsel nur – bringt auch kein Licht
in stetig dunkler werdend' Jahre
an der kranken Erde Bahre.

Kosmisch eben ist bedingt -
der Jahreswechsel unbedingt!
Das änder' nicht der prickelnd' Wein,
auch nicht geräuschvoll fröhlich sein!

MOND

Des Mondes Licht lag schwer auf mir
in jener tiefen Nacht.
Der Schlaf vergaß mich hier
und Unruh' hielt die Wacht.

Von einer Seit' zur and'ren
wälzt' ich mich hin und her,
träumt' wach von einer Zukunft – einer bang'ren,
mein Leib war kalt, mein Geist schien leer.

Sollt' aufsteh'n ich – den Vorhang schließen?
Unmöglich! Bleiern' Müdigkeit hielt unbeweglich mich.
Der Mond begann sich silbern zu ergießen
über weiße Linnen und ich schämte mich.

Doch da gesellt' sich Trotz zu meinen Sinnen
und entfachte Gegenwehr.
Ich sucht' des Nachtlichts Fahlheit zu entrinnen
und streckte frech mich wie ein Grenadier.

Ruhig atmend lag im Bette ich
und warf rasch weg das engende Textil.
Des Mondes Bleiche überfloß wie häutend mich,
doch Albtraum, Angst und Kälte fanden nicht ihr Ziel.

Da öffnet’ auch die Augen ich,
sah meinen Leib im Silberlicht
und wußte jetzt – er liebte mich –
der Mond, der heimlich in der Nacht nur spricht.

Für alle Zeit verzeih ich ihm,
wieg’ sanft in seiner Sichel mich;
denn gleich dem wahren Leben schien’s,
daß er durch Gott so offenbarte sich.

NAME

Am Anfang war wohl alles klar,
doch nur die Götter wußten, was es war.
Sie kannten aller Ding' Bedeutung
und sorgten für die kosmische Verbreitung.

Aus welchen Gründen – sei 's gewesen –
Götter zeugten irdisch' Wesen.
Doch trotz göttlich Zeugen ward vergessen,
welche Namen sie und alles einst besessen.

Auf dem Planeten angekommen
Wurde „Mensch" als Name angenommen.
Nur die Dinge blieben namenlos,
gleich grauen Zonen, nackt und bloß.

Um die Dinge zu versteh'n,
mußt' nun der Mensch im Suchen sich ergeh'n,
der Dinge Wesen Ehrfurcht auch bezeugen
gar vor ihrem Sein sich beugen.

So fand der Mensch im Wesen all der Dinge
ihre Namen – gleich verschlung'ner Ringe.
Endlich hatt' er Seiendes und Sein erkannt,
dem beides sich im Nam'n verband!

Diese Einheit – heute scheint sie fast verloren,
weil „Mensch" sich nun zum Gott erkoren.
So wird's bald weltenweiter Brauch:
Name ist nur Schall und Rauch.

OKTOBER

Ziegel klappern schon im Wind,
Büsch' und Bäume biegen sich;
nicht aus Ehrfurcht vor dem himmlisch' Kind
eh'r vor Angst – das Astwerk bricht.

Das Kernobst längst in voller Reife
muß das vom Wurm benagte und das Schwache
trotz im Stempel noch vorhand'ner Steife –
fallen lassen in die Brache.

Der Zug des Wind's im Tal rasanter
bricht ohne anzuklopfen in die Kronen,
reißt und zerrt, als wüßte er,
daß sich die Eichhörn jetzt mit Nüss' belohnen.

Denn emsig, hurtig in dem herbstlich stürmisch Raum
schleichen springend, hüpfend, kletternd sie von Baum zu Baum
zu sammeln Hasel- und die Walnuß ein,
um auch im Winter sorgenfrei zu sein.

Des Waldes und des Weines Laub
wechseln nun die Farben.
So manches Blatt fällt in den Staub
zum Fraß der Erde – der jetzt kargen.

Oktober ist's. Der Herbst ist da!
Blätter gelb und rot, und Blüten in lila.
Jetzt putzt sich weidlich die Natur kosmetisch
doch der Mensch erneut wird melancholisch.

ORIGINAL

52

GANZ ALLEINE ZIEHT ER SEINE KREISE

AUF BEMERKENSWERTE WEISE.

WEGEN SEINER GROSSEN GABE

HÄTT' MAN IHN GERNE IN DER LADE.

ER LIESS SICH JEDOCH NIEMALS SCHIEBEN

UND IST EIN OR'GINAL GEBLIEBEN!

RAT

Willst du den Geist der Wahrheit finden;
darfst ihn nicht suchen nach Befinden.
Schau lieber tief im Herzen nach.
Dort ist ein Weg. Er liegt nur brach.

REGEN

Seit Wochen schon verlangen Kreatur,
der Baum, der Strauch, die grün' Natur,
daß es sanft und kühl bald regnet,
weil das Blattwerk schon mit Staub belegt ist.

Das Grün, es kann kaum atmen noch
und spürt die Hitze wie ein Joch.
Von oben brennt die Sonne hart
und unten heiß die Glut verharrt.

Das Grün, die Blätter und die Blüten
suchen vor'm Vertrocknen sich zu hüten.
Sie rollen sich nach Wuchs und Art
zum Boden hin – ganz unapart.

Es geht ums nackte Überleben,
also Warten auf den lauter'n Regen.
Erquickung gibt's nur manchmal in der Nacht,
wenn niemand schaut die Blütenpracht.

RHEINGAU

Von zarter Hand ganz sacht geglättet
grün belaubt, in Wein gebettet,
unter himmelblauer Symphonie
ziehen scheinbar mit den Wolken sie:
Die Hügel zwischen stillen Auen,
die hier sich fügen zu des Rheines Gauen.
Ich schau der Landschaft Herrlichkeit.
und spür' die eigne Ärmlichkeit!
Folgt nun mein Blick des Rheines Strömung
gibt preis das Licht gar goldne Tönung.
Endlich weiß ich, solches schafft
nur ein Gott in seiner Macht.

ROCHUSOKTAV

St. Rochus heißt am Rhein ein Berg

dem Heil'gen nach und seinem Werk,

das einst den Menschen, die hier wohnten, widerfuhr

als Segen und Genesungskur.

Ihm versprachen jährlich sie ein Dankesfest

befreit von Schrecken, Tod und schwarzer Pest.

So wird mit Aufwand es auch heut' noch zelebriert

acht Tage lang im groß' Geviert

mit Weingenuß und heißem Schmaus

im Walde vor dem Gotteshaus.

Schon Tage vor dem Festbeginn

erfährt der Berg des Heil'gen Sinn.

Emsig regen sich die Hände

zu bereiten das Gelände

für die ungezählten Gäste,

die sich freuen auf St. Rochusfeste.

Geharkt, gemäht, die Bäume sanft beschnitten,

auf Wege, Trottoirs und Straßen Schaufeln voller Basaltsplitten.

So war 's Beschluß zum hoffentlich' Gelingen

der heiligen Oktav vom Rat der Weinstadt Bingen.

Die Winzer und das Braugeschäft bewahren

Zelt an Zelt Lukulls Gebot zum Wohl der Wallfahrtsscharen.

Auch die Metzger Stand bei Stand

sind mit Bratenwurst und Zutat jetzt zur Hand.

Am ersten Sonntag in der Früh'

sammelt das Volk sich und die High Society

vor der Basilika St. Martin unter groß' Geläut,

daß es selbst St. Rochus freut.

Denn nun wird er hinaufgetragen

zu Menschen, die es glaubend auf ihn wagen.

Schnell formiert sich jetzt der Zug.

Vornweg ganz schwarzgewandet' Kinder gleich dem Bug

eines Schiffs, das standhält auch den schwersten Wogen

und sich hinaufzieht auf den Berg in großen Bogen.

Bunt gekleidet folgt die Schar der Ministranten,

die Priester – dann St. Rochus und die Musikanten.

Während im Zug die Menschen lachen

schnauben Männer mit des Heil'gen Nachen,

den sie bei starkem Muskelspannen und vorgeschob'nen männ-
lich' Kinnen

im Gleichgewicht zu halten sinnen,

damit St. Rochus schweb' empor

zu der Kapelle hohem Chor.

Zur Höh' des Berges aufzusteigen

bedeutet Mühe, Qual und bald auch Schweigen

für die mit schwitzendem Gesicht

und viel zu hohem Leibgewicht.

So tut dem Rochus still bei jedem Höhenmeter
Buß' und Abbitt' mancher Priester.
Kilometerlang ist bald die Prozession,
den meisten Lust und wenigen Passion.
Nur einige Minuten noch bis hin zum Ziel,
die Spannung steigt, es lockt dort viel!
Zum Beispiel das gewicht'ge Wort
des Bischofs hoch an diesem Ort,
die Beichte und das Amt Pontifikale,
die Aussicht auf den Rhein vom selben Male,
wo Goethe einst gestanden und gedacht
mit Freunden, die sein Herz entfacht'
für dieses große Wallfahrtsfest,
daß der Dichter gar herab sich läßt
tief beeindruckt später aufzuschreiben
Impressionen, damit sie für die Nachwelt bleiben.
Im Banne des Geschehens und der Sonne sprießen
herzensweites Glücksgefühl und herrliches Genießen.
Speisen gibt es für das Auge und die Seele
auch Wurst dem Leib und Wein der trock'nen Kehle.
Es beten vor dem Außenchor
Kolpings Familien, die Malteser und so mancher Chor,
Patres, Diakone, Priester aus der Diözese
im Menschentrubel und Getöse

acht Tage lang vom Morgen bis zum Abend
einander und sich selbst ertragend.
Fast jeder hat ein Kerzlein aufgestellt
dem Rochus, daß er heilt die Welt,
alle noch gebroch'nen Herzen
und nicht zuletzt die eignen Schmerzen.
Es ist bemerkenswert und zu erwähnen,
daß man sich in den Zelten trifft mit jenen –
seien es Bekannte, Freunde, Anverwandte –
auf die man sich sehr lang schon freute, die man kannte.
Ziel ist nicht, in lautem Trubel sich ergeh'n,
nein, Gespräche führen hier und sich zu seh'n.
Auch Scherzen, Lachen und Erzählen
gehört zum Wohlsein – und den Wein auswählen.
So sind's viel tausend Stimmen, die hier schallen
ohn' laut' Musik und roh' Krawallen.
Das alles ist noch eingebettet in Andacht und in Religion.
Einmalig ist's und nur in dieser Rheinregion.
Der Glaube lebt und menschliche Beziehungen
schaffen seelische Erquickungen.
So macht die jährlich Wallfahrt auf den Berg
zum heil'gen Rochus und sein'm Werk
tiefen Sinn, gar Hoffnung für die Erde,
daß der Mensch sich ändern werde.

SANCTVS ROCHVS

RÖSLEIN

Ein Röslein rot und unverdrossen
hat mutig sich den Weg gebrochen
durch steinig Boden ja, durch Schlinggewächs,
wo jetzt es nach der Sonne lechzt.

Ich bleibe steh'n und schau es an.
Auf einmal weiß ich, wie und wann
ich mich dem Kampfe stellen muß
zum neuen Traum vom Lebenskuß.

Das Röslein zart, doch dornbewehrt
hat sich im Kampfe schon bewährt,
weil es den Tau der Nacht getrunken,
als durch's Geäst die Sonn' gewunken.

Rot wie Blut und herrlich stolz
reckt sie sich aus dunklem Holz
und ist der Vielfalt um sie her
der Mittelpunkt jetzt kühn und hehr.

Wie's Röslein stolz sein Haupt erhebt,
wo Dunkelheit und Nebel webt,
will im Gestrüpp und trotz der Tränen
ich mich im guten Kampfe wähnen.

ROM

Rom, du Ewige,
Dir hab' ich zu danken,
für Augenblicke, selige,
und daß die Seelengeister nie mehr wanken.
Sie blieben treu stets allem Schönen,
und angewidert von der Barbarei.
Niemals hör'n sie auf nach Wahrem sich zu sehnen,
suchen Klugheit, meiden Vielerlei.
In einem nur – schaubar seit Jahrhunderten
in deinen Mauern – und Beständigkeit,
die schon die Großen aller Welt bewunderten,
erblicke ich
ein himmlisch' Maß, des Schönen Herrlichkeit
und finde mich!
Hinter und vor deiner Mauer
küssen Weisheit und die Klarheit sich.
In deinen Bauten, deiner Kunst und ihrer Dauer
spiegeln Eros und die Venus sich.
Über Blut und über Tränen
erstrahlt dein irdisches Gesicht.
So schau durch Steine und Ruinen
ich ein strenges, aber göttliches Gericht.

SCHAM

Es gibt den Menschen noch auf dieser Welt!
Der Grund dafür ist wohl die Scham,
unter die die Schöpfung ihn gestellt,
als er auf die Erde kam.

Die Scham deckt seine Blößen wie ein Kleid,
das lang geschnitten und mit weitem Saum
verbirgt, was darzustellen nicht gescheit,
heimlich in des Kleides Raum.

Die Scham, dies wundersame Kleid,
beschützt auch die intime Sphäre,
hält sie lebendig und bereit
zum Opfer auf der Lust Altäre.

Die Scham ist voll Erbarmen;
sie deckt, was dürftig nur entwickelt,
krumm geblieben oder alte Narben –
die Krankheit oder Krieg vermittelt.

Die Scham schont Reiche vor den Armen
und bewahrt den Armen wegzunehmen,
womit die Reichen ihre Armut tarnen,
denn auch sie sich nur nach Leben sehnen.

Die Scham schützt Körper, Seele und den Geist
vor Moral, törichten Fehlern und Entlarvung
durch spürbare Besänftigung zumeist
und errötende Erfahrung.

SCHICKSAL I

ALS AUF DÜNNEN KALTEN SOHLEN
VON LAND ZU LAND ER ZIELLOS IRRTE,
BEGANN DAS SCHICKSAL IHN ZU HOLEN
UND DIE ERINNERUNG, DIE IHN VERWIRRTE:

SIE WOLLT' ER HABEN EWIGLICH,
LIESS SEIN LEBEN SIE BESTIMMEN
UND GENOSS DAS FLÜCHTIGE „ICH LIEBE DICH!"

–

WAR DIESEM SCHICKSAL ZU ENTRINNEN?

SCHICKSAL II

Das Schicksal, das als Kreuz sich zeigt,
soll angenommen werden,
auch wenn es das Leben beugt;
so ist es Status hier auf Erden.

Doch niemand greife zu in falschem Eifer
und der Hoffnung heilig dann zu werden.
Erst streb' er hoch und werde reifer
für des Himmels sanfte Bürden.

Das Kreuz des Schicksals ohne Maß zu fassen,
ziemt sich nicht; es wär' nur Eitelkeit.
Es gilt, sich auf es einzulassen –
maßvoll mit Entschiedenheit!

SCHULD I

Einst haben freudig lachend zugejubelt unsere Ahnen
roten Bannern, bunten Fahnen
und glückselig triumphiert,
als endlich sich ein Führer präsentiert.
Oh, welch ein herrlich' Aufbegehren
nach langer Schmach und ohne Ehren
durch Verdun und das Diktat der Alliierten,
die in Siegerpose – selbstverständlich ungeniert –
getan, was die Besiegten vor der Welt blamiert'.
So lehrte Geist und Politik die Leute,
die tief belehrt sind auch noch heute.
Ein neues Selbstbewußtsein war geboren,
doch ungeahnt im Keime schon verloren.
Die Folge: Krieg und Unheil und Verdammen,
Die ganze Welt stand bald in Flammen.
Danach nur Tränen noch und Brote rar.
Es war Völkermord und schuldig alle – offenbar.

Nach Marschallplan und Cares Aktion,
heilt' zum Wohlstand die Nation.
Inzwischen ein vereintes Land
mit Macht und allseits anerkannt.
Nach innen streut man Asche sich auf's Haupt
jährlich an Volkes Trauertag; doch mancher in der Stille glaubt,
wenn Ehrenmal und Redner aller Schuld vermelden:
„... im Grunde war'n doch alle Helden!"

Oma, Opa, Papa und Mama geworden,
steh'n sie irritiert vor ihrer Kinder Horden.
Die nämlich haben Lunte jetzt gerochen
und fragen ehrfurchtslos:
„Was habt ihr damals nur verbrochen?"
Sie wollen nicht mehr schuldig sein,
nichts mehr wissen von Jahrhundert Pein;
denn nur die vorher'ge Gen'ration
war doch die Hakenkreuznation!
Warum also heut' die Schuld noch tragen,
die die sich damals aufgeladen?
Warum heut' verjährte Schuld noch rächen?
Wer endlich wird von Schuld der ander'n sprechen?
- — -
Ach, ihr Wohlstandskinder alle heute
längst seid ihr des Teufels Beute!
Denn der Widersacher weiß die Antwort
auf die Schuld nach Völkermord.
Nur deshalb übt er die Geduld
mit allzu süßer Höllenhuld;
und erhofft der Jetzigen Gewöhnung,
damit keine Chance wird der Versöhnung.

SCHULD II

Ein Mensch sei so, ein and'rer so!
Kommt nur d'rauf an, woher stammt,
und groß geworden wo?
Von wem und wie war er benannt?

Wie diese Meinung ist verbreitet,
so groß ist meistens auch ihr Irrtum;
denn jeder Mensch – auch wohl geleitet –
trägt in sich Gut' und Böse ohne Ruhm.

Er wird gezwungen als Person
gemäß der wirkend' Entel'chie
im Leben zu entscheiden schon
den wahren Sinn der Liberti.

Entelechie, ein göttlich' Samen
woran der Mensch erkennt die Schuld
und den die Menschen nur bekamen,
um frei zu sein gleich Gott in seiner Huld.

Mensch vor Mensch ist immer gleich,
frei sein Tun und Lassen,
das nur im göttlichen Bereich
sichtbar wird als Schuld und Hassen.

SCHULD III

Warum muß uns heute plagen,
warum über das noch zagen,
was einst durch der Tyrannenhorden
menschlich scheinbar Schuld geworden?

Der Himmel wacht,
die Sonne lacht.
Leben will sich regen
und der Zukunft sich ergeben!

–

Warum Vergangenheit beschwören,
warum moralisch uns bekehren
zu der Geschichte großen Fehler;
sind wir heut' doch freie Wähler.

–

Der Himmel wacht,
die Sonne lacht.
Leben will sich regen
und der Zukunft sich ergeben!

–

Wir haben nicht gewählt die braune Macht
und ihr' grausam' Wüten nicht vollbracht.
Wir sind Individuen,
die längst gefunden neuen Sinn!

Der Himmel wacht,
die Sonne lacht.
Leben will sich regen
und der Zukunft sich ergeben!
–

Sicher, Krieg und Unheil habt nicht ihr gemacht,
doch eine bess're Welt auch nicht erdacht,
neuen Weltenbrand selbst nicht verhindert,
was alles eben Schuld nicht mindert.
–

Der Himmel weint,
die Sonne scheint
noch immer über uns're Schuld
allein durch göttliche Geduld!

SCHULD IV

Viel versprochen haben sie einander
unter duftend' weißen Oleander:
er würde sie auf Händen tragen
überall – durch irdisch Plagen!

Sie beteuert schmeichelnd ihm
flüsternd, sanft und ganz intim,
sie wolle mit ihm gehen, ohne Frage,
bis ans Weltenende ihre Lebenstage.

Das war einmal – vor sieben Jahren:
zärtlich Bettgeflüster nach dem Paaren.
Doch kein's der beiden will's gern wissen
und flüchtet in die Pflicht beflissen.

Jedes weiß, es hat versagt,
weil einmal man zuviel gewagt.
Wohl war das ehrlich – voll Gefühl
beim Träumen und beim Liebesspiel.

Doch heut zeugt die Erinnerung
nur der Freiheit Hinderung
und ein nervend schlecht Gewissen,
das beide nun ertragen müssen.

Sicher'n Glaubens einst versprochen,
nun die Erkenntnis: Herz gebrochen!
Und in der Seel' die Frage wacht,
bin ich jetzt schuldig – und vor welcher Macht?

TISCH

Auf dem Speicher steht ein Tisch
schon viele Jahr' und langweilt sich,
erinnert sich an früh're Tage
harter Arbeit und viel Plage.
Doch auch an die besond'ren Zeiten,
wenn die zu Tische sitzen, ihre Herzen weiten.
Oh, und wieviel schwere Hände voll von harten Schwielen
lagen zum Gebet gefaltet, um hinauf zu zielen
nach dem eigentlichen Leben,
in welchem Glück und Wissen weben?
Das alles war; ist nun Vergangenheit.
Es bleibt des Speichers Dunkelheit
und Hoffnung auf Gefundenwerden
zu neuem Sinn auf dieser Erden.

TRAUER

Es liegt ein Schleier über dieser Welt
von grauer Schwere, die dem Licht mißfällt.
Eingewebte dunkle Muster sind
Knechtschaft, Hunger und ein totes Kind.
In seinen Falten lauert Ideologie,
in der Versöhnung Spott wird und auch Ironie.
Der Schleier trägt den Namen Trauer,
sein Anblick weckt im Menschen Schauder
und die Sehnsucht nach Erlösung
in den Himmel der Versöhnung.

TÜTENMENSCH

*Tief drinnen wohnt die Angst ein Tütenmensch zu werden -
versagt zu haben also vor dem Sterben.*

Ein Tütenmensch, der sieht so aus,
daß schnell erwacht dir Seelengraus:
Die Finger klamm und schmutzig um die Henkel festgekrallt,
die vollgestopften Plastiktüten zu bewahren durch den Wald
des Leute überfüllten Großstadtdschungels
in das urinbenetzte Eck eines stillen U-Bahntunnels.
Dort muß die Heimstatt jenes Menschen sein,
der niemals lacht – nur stoisch trägt des Soseins Pein.

Der Tütenmensch kann Zähne eben dann nur putzen,
wenn irgendwo ein off'nes Klo ihm Wasser dargibt,
es zu nutzen.
Auch die siffdurchwirkte Unterhose und sein Hemd –
täglich wechseln – ist ihm fremd.

Vor Kälte schützt ein Mantel ihn von warmer Wolle –
zu eng, zu weit – doch gut gemeint, daß er sich aus den
Blicken trolle.
In des Mantels speckig Taschen vertraulich und auch
gut bedeckt
sind Fotos noch von Frau und Kindern in Papier gewickelt –
scheu versteckt.

In den Tüten, jetzt zerknittert – einst gemacht aus feinstem
Plastik
mit aufgedruckten hübschen Mädchen, die fleißig üben
Turngymnastik –
sind Trinkgefäß, das Messer und der Schlafenssack –
wie sich's gebürt für ausgestoß'nes Menschenpack.

Irgendwo dazwischen findet Pappe sich zu Nutz
gegen Schnupfen, Wurm und Nässe, manchmal auch als
Kälteschutz.
Ganz zu unterst – auch erbettelt – eingewickelt und beschriftet:
„Für meine Kinder ist's mit liebem Gruß gestiftet!"

———

Kühn und mutig, nicht versagen, niemals scheitern,
flugs ersteigen der Karrieren Leitern
bleibe tiefster Sinn des wahren Lebens.
Anderes sei brotlos und auch sonst vergebens!
Sagt man!
Innen wird es kühl und klamm.

———

Horch! – im Herzen unaufhörlich – still und leise –
wächst Angst vor Tütenmenschens Daseinsweise,
weil eine Frage auf des Lebens Graten
niemals schläft auf eingeengten „Soseins" – pfaden:

Kann nur der Angepaßte selig sterben
oder auch der Tütenmensch die Ewigkeit noch erben?

Siege St. Rochus Kapelle

UHR

... und plötzlich geht die Uhr nicht mehr,
weil wieder mal der Akku leer.
Hat der Mensch nur diese Uhr,
bleibt ihm nach Zeit zu fragen nur.

Das Steh'n der Uhr ist meist betrüblich,
doch einer Uhr ist wesenhaft im Stillstand üblich
zweimal zum Trost an allen Tagen
treu die Wahrheit ihm zu sagen.

VERTRÄGE

Wer Neues will muß mancherlei
mindest' aber zweierlei:
die Idee, an die zu glauben auch vermag,
der willig ist für den Vertrag
und das nötige Vermögen
der Gleichberechtigung vonwegen.
Ein Vertrag macht eben dann nur Sinn,
wenn er allen bringt Gewinn.

Allein das ist ein schwierig' Unterfangen,
weil stets die Partner müssen bangen
um das, was sie hineingegeben
ohn' Gewißheit um den Segen.

Desweit'ren ist er einzuhalten,
ganz konkret im sachlich' Walten.
Dazu müssen sich vertragen,
die es vertraglich aufeinander wagen.

Wer wagt, gewinnt!
leider stimmt das nur bedingt,
denn Wagnis ist ein Teil des Lebens;
stets gut gemeint, doch oft vergebens.
Wohl gibt es zwischen beidem eine Brücke:
Reden miteinander über jede Tücke!

Ebenso gehört auch Mut dazu
und ein gewisses Wissen um das Du.

Dieses sind die nöt'gen Weh'n,
die über Klippen führen zum Versteh'n;
auch dann, wenn des Vertrages Ziel
ergibt das Gegenteil von viel.

So sind's am Ende Herzen und Verstand,
die Entscheidendes erkannt!

VERTRAUEN

Mit Handschlag auf dem Pferdemarkt
und nicht bezahlt mit Eurocard
wechseln Gänse, Hühner, Schaf und Rind
den Besitzer, was jeder auch in Ordnung find'.

So ist es Brauch im Lande hier.
In Städten glaubt das niemand mehr.
Vertrauen gibt's nur bei den Rindern,
mitnichten bei den Menschenkindern.

Schon das Versprechen eines Paars
bedarf zum Glauben des Notars.
Vertrauen nicht mit Schwur geregelt,
nicht 'mal mit dem Herz besiegelt?

Der Mensch ist also nur vollkommen,
wenn dem Vertrauen er entnommen.
Zwar ist so das Leben paradox,
doch Trost gibt's auf dem Markt beim Ochs'!

WACHSEIN

Die Schönheit aller irdisch Wesen
kann nur erkennen, wer sie sieht.
Drum mußt du innehalten und erst lesen,
was du gesehen, weil's dir sonst entflieht.

Die Welt ist nicht gebaut aus großen Steinen.
Sie fügt sich auch aus Unsichtbarem, welches dennoch ist.
Drum mußt du schauen nach dem Kleinen,
nicht dem Großen hinterher, das stets das Kleine frißt.

Das Große kannst du nur erschauen,
wenn du erkennst die Vielfalt des Geringen.
Das Schöne dieser Welt wird dich erbauen,
wenn des Lebens kleinste Dinge in dir singen.

Bist du nun wach, läßt dich beschenken,
dich verändern hin zum Staunen,
wirst du frei zu neuem Denken
und das Schöne Lieder deinem Herzen raunen.

WEINSTOCK

Der Weinstock – knorrig, häutend sich wie eine Schlange
lehnt im März ganz unbelaubt noch an der Stange,
an der die Drähte festgebunden,
die ungebor'nen Trauben Festigkeit bekunden.
Auch im April, da es schon knospet ringsumher
bleibt still und unbeweglich er.

Nur der Winzer jetzt mit seiner Schere
rückt ihm zu Leib, als ob er wäre
ein wollig dumm geblieb'nes Schaf,
dem man nicht gönnt im Lenz den Schlaf.

Erst im Mai – inmitten bunter Frühlingspracht
zeigt der runzelige Stock ganz sacht,
für Ungeübte kaum zu sehen,
unauffällig Augen und die ersten Wehen.

Dann plötzlich unter Staunen und Erschrecken
als würd' in ihm Melancholie sich wecken –
beginnt er an der Schere Wunden
zu weinen an, als sei zutiefst er nun geschunden
von all den vielen Daseinsplagen,
Getier und stürzend Wetter, an so manchen Tagen.
Oder ist es jetzt die Freude nur,
daß in ihm wach wird die Natur?

Ganz unerwartet wird der Frühling heiß,
so daß das Blattwerk schiebt sein Reis'.
Geschmückt mit zierlichem Geranke wie Geschmeid
scheint ihm die dunkle Ruh' jetzt leid.
Er rankt mit Energie und kochend' Saft
sich steil nach oben durch geheimnisvolle Kraft,
den blauen Himmeln ganz ergeben
unbeirrt der Sonn' entgegen.

Wo eben zwischen tausend Stöcken noch der Fuchs gebellt,
hat jetzt der Berg sich tief in Grün gehüllt.

So ist es Juni schon geworden.
Der Weinstock will sich Wasser borgen,
damit er aus zarten Blütenständen
kann im Oktober Trauben spenden;
denn das Geborgte gibt er so zurück,
daß auch die Menschenseele sich entzückt.

Den Winzer freilich sieht man jetzt nicht mehr,
wenn Hand er anlegt guter Früchte zu Gewähr.
Anfang Juli reutet er die wilden Triebe
mit Geschick und sehr viel Liebe.
Danach verleiht dem Weinstock er die Hochfrisur
durch eine radikale Blätterschur.

Nun folgen lange Reifewochen,
in denen unsichtbare Geister kochen
roten und auch weißen Saft,
daraus man dann die Weine macht.

Im Monat, den man nennt den Goldenen
und manchmal auch den Folgenden
beginnt die Lese all der Trauben,
bei der Menschen schwitzend schnauben
von der harten Arbeit Fron,
bei meistens nur geringem Lohn.
Doch tröstet man an abendlichen Festen
mit frischem Federweißen sich von der Trauben besten.

Faß auf Faß nun voll gefüllt
wird die Gärung bald gestillt;
denn der Wein muß lange ruh'n,
damit der Geister und der Meister Tun
im Weine all' die Märchen schaffen,
die beim Trinken glücklich machen.

ZEIT

Sie scheint im langen kurzen Menschenleben zu zerrinnen,
verliert sich nicht, stolpert nicht, will nicht gewinnen.

Durch nichts und niemand ließ sie je sich hetzen,
folgt selbstvergessen nur den eigenen Gesetzen.
Der Versuch, sie zu beschleun'gen, bleibt weiter nichts als
Arroganz,
entlarvt durch sie – mit unerschütterlicher Ignoranz.

Folgt das Bemüh'n sie als Vergangenheit zu hegen,
doch nicht Geschichte noch Moral konnt' sie zum Stillstand je
bewegen.
Vergangenheit bleibt unbedeutend für die Zeit –
wird nie den Menschen Wirklichkeit!

Gegenwart sei Zeit und als sie wahrzunehmen!
's ist auch nur Selbstbetrug und abzulehnen,
weil jeder Griff nach Gegenwart
der Sinne Unvermögen offenbart.

Zeit öffne sich zur Zukunft hin;
der Blick nach vorne bringe Zeitgewinn!
Nein! – Zukunft läßt sich niemals zwingen,
schon der Versuch – er wird mißlingen.

Drum sind Zukunft wie Vergangenheit,
sogar die Gegenwärtigkeit
Täuschung stets wie die Fiktion
und gleich der Zeit nur Illusion.